UN VIEUX

RÉPUBLICAIN

AUX ROYALISTES,

Sur les vaines et cruelles espérances dont
ils se bercent;

ET AUX AMIS DE LA PATRIE,

Sur les motifs qu'ils ont de se rassurer contre
les alarmes dont on les entoure.

Qui le croirait qu'il existe des hommes en
France qui appellent par leurs vœux, qui
réalisent avec complaisance, dans les combinaisons de leur politique, l'invasion prochaine
de leur patrie par des armées étrangères, le
ravage de nos campagnes, l'incendie de nos
villes, l'extermination de nos armées, l'exil,
la proscription ou la mort de tous les partisans du trône impérial, l'anéantissement enfin

NOTA. Nous changeons le caractère qui servait à l'impression de
cet ouvrage, pour nous ménager l'avantage de donner plus de déve-
loppement aux sujets que nous nous proposons de traiter.

de la France toute entière, livrée à la discrétion de ses vainqueurs... ; et tout cela pour satisfaire leurs affections personnelles , compenser leurs vains regrets, et leur donner la douce jouissance d'un triomphe sur des opinions qu'ils ne partagent pas ?

Il faut les entendre ces hommes qui, furieux et ne respirant, il y a quelques jours, que sang et carnage , sont devenus tout à coup si *benins* et si cruellement miséricordieux sur le sort de leur patrie.

« Ces inconvéniens, disent-ils d'un ton
» plaintif, sont un mal nécessaire : sans doute
» ils sont grands ; mais du moins, la France
» sera délivrée pour toujours de ces hommes
» qui nous ont tant fatigués du bruit de leurs
» *idées libérales* , qui ont osé porter un
» regard curieux sur les opérations du gou-
» vernement des Bourbons, et qui ont jeté
» les hauts cris quand ils ont vu qu'elles ten-
» daient à la restauration des antiques usages
» de la monarchie.... Du moins, nous n'au-
» rons plus sous les yeux cette soldatesque
» orgueilleuse, née de la révolution , qui n'a
» pas voulu consentir à l'honneur de servir
» sous des chefs nouveaux , mais seuls dignes
» par leur naissance de la commander ; qui

» n'a pu oublier celui qui l'avait conduite à
» ses prétendues victoires ; dont on n'a jamais
» pu arracher que des cris incertains et lan-
» guissans de *vive le roi !* et qui a eu l'au-
» dace de se réunir à ses premiers drapeaux
» qu'elle appelle avec fierté les *emblèmes*
» *de son honneur........* Du moins, dans le
» cercle étroit du territoire qu'il plaira aux
» vainqueurs de nous laisser, et à l'abri du
» trône des Bourbons, plus affermi que
» jamais par l'anéantissement de ses enne-
» mis, nous jouirons en paix de notre exis-
» tence ; nous reprendrons avec orgueil nos
» lis, nos décorations, nos parchem'ns et
» nos livrées ; nous rentrerons sans obstacle
» dans nos domaines usurpés, où nous réta-
» blirons avec sécurité nos droits et nos pri-
» viléges trop long-temps méconnus. »

Royalistes ! oui, vous l'avez tenu, et
vous le tenez encore tous les jours, ce langage qui ne vous laisse pas même le nom
d'*hommes ;* il a passé de vos cercles où vous
êtes forcés de concentrer votre orgueil, dans
la classe vulgaire et crédule dont il nourrit
les inquiétudes et les alarmes ; des prêtres
imposteurs et traîtres le colportent parmi
leurs affidés ; quelques femmes, moitié vapo-

reuses, moitié furieuses, le répètent et le grossissent encore de tout ce que leur imagination troublée peut leur inspirer. Mais vos combinaisons infâmes ne se réaliseront pas au gré de vos espérances ; vous n'aurez point la douceur de voir votre patrie, si toutefois vous en avez une, mise en lambeaux, et ses habitans exterminés, pour vous faire savourer à souhait le triomphe de vos opinions, et le plaisir que vous vous en promettez. Quelques réflexions suffiront pour vous le prouver.

D'abord, posez bien en fait, et il n'est pas douteux, que, quand bien même il ne s'agirait pas du rétablissement et de la défense du trône impérial, la France, je le crois, n'est pas disposée à se laisser envahir de nouveau, ni à recevoir des maîtres des mains des puissances étrangères. Le déshonneur imprimé au nom français (si l'on peut appeler ainsi l'œuvre d'une trahison qui ne s'effacera jamais de notre mémoire), a laissé dans tous les cœurs, non la crainte de le voir se renouveler, mais le désir de le venger, si on entreprenait de nous le faire subir une seconde fois.

Mais que deviendrait sur-tout l'énergie

nationale, si les Bourbons se montraient à la tête de cette nouvelle coalition dont vous avez tout à coup rassemblé les élémens, et que vous faites marcher avec tant de précipitation sur nos frontières ? Qui pourrait soutenir la pensée d'un roi qui, n'ayant pu régner par la force de l'opinion publique, prétendrait régner par l'intervention d'une force étrangère , et se ressaisir du trône sur les débris ensanglantés de son propre pays ?

« Le voilà donc, s'écrierait-on, le chef
» de cette famille fatale , qui , depuis vingt
» ans, n'a cessé d'armer l'Europe contre sa
» patrie, et qui veut terminer sa débile car-
» rière par un dernier acte de barbarie
» contre nous! Faibles amis de la patrie que
» nous sommes ! nous lui avions pardonné
» le cruel abandon qu'il avait fait de son
» frère et de sa famille; les complots téné-
» breux qu'il avait ourdis pour arracher au
» trône ses soutiens et ses appuis. Nous
» avions oublié les flots de sang qui avaient
» coulé pour ses vaines prétentions; cette
» exécrable Vendée sans cesse alimentée par
» ses fureurs ; et , quoique donné par la
» force et sous les tristes auspices de nos

» malheurs, de notre honte, nous l'avions
» reçu comme un réparateur de nos maux.
» Qu'a-t-il fait pour répondre à notre attente?
   » Roi d'un peuple fier, éclairé et géné-
» reux; il l'a traité comme un peuple esclave,
» sans lumières, comme un ramas d'hom-
» mes que l'on pouvait impunément avilir
» et tromper. Il l'a livré aux intrigues, à la
» cupidité de ses ministres et de ses favoris
» qui l'ont indignement outragé dans ses
» droits, dans ses institutions et dans son
» honneur. Nous espérions une garantie cer-
» taine de nos libertés dans cette charte
» constitutionnelle qu'il avait dédaigneuse-
» ment proclamée comme une *cession de
» ses droits;* et il en a souffert les violations
» les plus criminelles. Neuf millions de Fran-
» çais, paisibles possesseurs de biens ven-
» dus et acquis au nom de la loi, se sont vus
» tout à coup menacés dans la jouissance de
» leur fortune. La pensée, cette autre pro-
» priété sacrée de l'homme, a partagé cet
» outrage, et libre par la constitution, il l'a
» étouffée dans tous les cœurs généreux,
» pour en réserver l'usage exclusif à ceux
» qui préparaient avec lui la dégradation et
» le déshonneur de la France. La religion,

» dont on voulait, disait-on, rétablir l'em-
» pire sous les auspices de la tolérance des
» cultes, n'a produit que le fanatisme im-
» placable dans ses ressentimens et insatiable
» dans ses prétentions. En promettant l'ou-
» bli des égaremens passés, on a excité aux
» vengeances les plus cruelles ; et ce qui
» met le comble aux lâchetés de ce gouver-
» nement de boue, c'est que les lauriers et
» la gloire de nos guerriers qui avaient
» versé leur sang pour leur patrie, et dont
» le monde entier admirait la valeur, étaient
» indignement flétris par l'insolence et l'or-
» gueil, tandis que leurs glorieux travaux
» et leurs honorables cicatrices étaient plu-
» tôt pour eux un titre de proscription que
» d'honneur !

» Et maintenant que ce même roi, trans-
» fuge du trône dont il n'a pu supporter le
» poids, après s'être lui-même *découronné*,
» vient consommer, avec sa honte, le mal-
» heur de son pays, en le livrant aux dévas-
» tations, au carnage de ses habitans, à
» l'incendie de ses villes ; nous souffririons
» qu'il régnât paisiblement sur les débris
» de notre patrie ! Non ; ce dernier outrage
» a mis le comble à sa fatale destinée : il ne

» régnera plus! Qu'il triomphe, s'il le peut,
» à l'aide de ses satellites étrangers: mais ce
» ne sera qu'au prix de tout notre sang ; une
» double indignation, celle qu'inspire son
» règne odieux, et celle que fait naître sa
» conduite récente plus odieuse encore, nous
» précipitera au devant de ses coups, et nous
» mourrons avec charmes, pour ne pas voir
» s'appesantir de nouveau, sur notre patrie,
» un sceptre dont l'essai de quelques instans
» nous fut si fatal. »

Mais ce n'est pas encore assez : à ces motifs puissans de résistance s'en joindraient d'autres encore que vous êtes loin sans doute de faire entrer dans vos calculs, mais qui agiraient avec la même force sur tous les cœurs.

Vous l'avez vu : la révolution qui a fait crouler le trône des Bourbons, et qui a rétabli le trône impérial, s'est opérée sans ébranlement, sans secousse et avec une rapidité dont les annales des peuples n'offrent pas d'exemple. Quel est donc le principe qui a favorisé et soutenu ce grand événement ? C'est que, fatigués, découragés, flétris par les atteintes d'un gouvernement dont la perfidie s'était montrée à découvert ; n'ayant

devant les yeux que les tristes présages d'un
régime qui marchait à grands pas vers le rétablissement des abus tant de fois proscrits ;
ne sachant où reposer leurs espérances dans
une famille dégénérée, dont les membres
s'étaient attirés déjà la haine et le mépris
publics ; ayant à lutter à la fois, et contre
le fanatisme qui renaissait plus actif et plus
menaçant que jamais, et contre une classe
d'hommes dont les attentats contre leur patrie étaient réputés comme des services
honorables, et dont les prétentions orgueil-
leuses outrageaient les droits de la nation,
les Français ont tous ouvert leur cœur à l'es-
pérance d'un meilleur ordre de choses, à la
vue de celui que le génie de leur patrie semblait protéger d'une manière si extraordinaire, et qui s'avançait proclamant la liberté
des peuples, le maintien de l'honneur na-
tional, la garantie des institutions conser-
vatrices de nos droits, et le règne des lois.

N'en doutez pas ; c'est ce principe qui a
favorisé la révolution étonnante dont vous
venez d'être témoins et qui la soutiendrait
contre tous ceux qui voudraient en détruire
les effets. Je dis plus, cette résistance serait
invincible, parce qu'elle tirerait sa force du

sentiment le plus cher au cœur de l'homme, celui de sa liberté. Je l'ai écrit ailleurs : *La France aurait opposé en faveur des Bourbons un mur d'airain à Napoléon lui-même , si les libertés nationales avaient été sauvées :* La France aujourd'hui serait dans la même disposition contre quiconque tenterait de porter atteinte à ses espérances par le renversement du nouvel ordre de choses. En vain vous jetez des nuages sur les intentions du chef de l'état : nous croyons à ses promesses, parce que nous sommes convaincus, ainsi qu'il doit l'être lui-même, qu'il ne peut régner sur nous qu'en les accomplissant ; nous y croyons, parce que les intérêts de son trône et ceux de sa dynastie sont essentiellement liés au maintien de nos libertés; parce qu'il n'a aucun motif de ramener les Français vers des abus et un régime que nous abhorrons; parce qu'il n'est point étranger à nos institutions, à nos mœurs, à l'état de notre civilisation ; nous y croyons enfin, parce qu'il a laissé parmi nous de grands souvenirs de la magnanimité de son cœur, parce que les leçons du malheur ne peuvent pas être perdues pour lui; parce que, après avoir épuisé tous les autres genres de gloire, il ne lui reste qu'à fonder irrévocablement notre liberté, pour s'élever au-dessus des plus grands souverains.

Calculez dès-lors à quel degré d'énergie et de dévouement ce concours de sentimens et de motifs pourrait élever la nation française, si vos espérances pouvaient se réaliser ? Ne jugez pas de son caractère par le peu de résistance qu'elle a opposé une fois à l'affront qu'elle a reçu. En 1814, tout favorisait l'invasion de la France ; de grandes erreurs l'avaient préparée, et des lâches avaient d'avance vendu leur patrie à ses ennemis ; tout était paralysé par leurs menées sourdes et ténébreuses ; le chef de l'état, plus grand peut-être dans cette circonstance malheureuse qu'il ne l'avait jamais été, faisait des efforts héroïques ; par-tout où il agit par lui-même, il foule et renverse ses ennemis : mais il n'était pas secondé ; la nation ne savait pas si, en combattant pour ses foyers, elle combattrait pour sa liberté, et cette incertitude glaçait tous les cœurs. Aujourd'hui tout est changé ; retrempée par un an d'épreuves et d'humiliations, sûre de combattre à la fois pour son honneur et pour le maintien de ses droits, la nation française déploierail toute sa puissance. Au cri de ses dangers, elle se précipiterait toute entière à la défense de ses foyers ; et là serait décidée la grande question qui n'a jamais été problématique pour les peuples généreux et libres, s'il est possible de vaincre une nation qui combat pour son indépendance, de lui donner des maîtres dont elle ne veut pas, de régler ses destinées au gré des volontés qui lui sont étrangères, et qu'elle ne peut reconnaître sans se couvrir de honte.

Et ces nobles guerriers, nos fils, nos frères et nos amis, tous intéressés au salut et à l'honneur de leur patrie : ces guerriers à qui on n'a jamais pardonné leur gloire passée, et à qui on pardonnerait encore moins l'honorable abandon qu'ils ont fait des livrées de l'esclavage, pour se revêtir des glorieux emblèmes de leur valeur : tous ces braves qui ont supporté pendant le court espace de quelques mois, tout ce que l'orgueil et la haine peuvent verser d'outrages sur les objets d'un ressentiment implacable ; pensez-vous qu'ayant à venger les affronts dont ils ont mille fois frémi, et à repousser une agression qui blesserait la fierté nationale, ils n'opposassent pas aux outrageantes prétentions des étrangers, et aux efforts d'une famille dont ils n'auraient à attendre que de nouveaux mépris, cette énergie qui centuple les forces de chaque individu, et qui fait triompher avec gloire des plus grands dangers?

Je les ai vus, je les ai entendus ces braves soldats de la patrie, au moment où ils se rangeaient en foule sous les aigles dont ils avaient tous caché les images chéries sous les vieux débris de leurs vêtemens, et lorsqu'ils marchaient à la suite du héros rendu à leurs vœux : jamais l'ardeur guerrière ne s'épancha par les élans d'un plus vif enthousiasme et en même temps plus terrible. Ces hommes qui, quelques jours auparavant courbaient leur tête, jadis ombragée de lauriers, sous le poids des outrages dont on les accablait, qui gardaient le silence morne de la douleur, et dont le courage semblait être flétri, s'étaient tout-à-coup changés en héros dont le front ne respirait que l'audace et l'ardeur des combats, dont les cris d'allégresse mêlés aux frémissemens de l'honneur humilié présageaient tout ce qu'ils pourraient être, tout ce qu'ils seraient en un jour de combat et sur un champ de bataille.

Et cette masse immense d'acquéreurs et de

propriétaires de biens nationaux qui ont fait l'épreuve de la perfidie d'un régime qu'on voudrait rendre à la France les armes à la main ; croyez-vous qu'ils en souffrissent paisiblement le retour et qu'ils restassent spectateurs tranquilles d'une lutte dont les chances défavorables les livreraient encore aux prétentions et aux poursuites de leurs spoliateurs ?

Et tous ces Français généreux, amis des idées libérales, partisans de la liberté des opinions et des consciences, qui ont vu le fanatisme religieux s'avancer tête levée dans le sein de leur patrie, appelé, protégé par un gouvernement qui n'est plus.... et cette classe imposante d'agriculteurs et d'habitans des campagnes qui ont encore sous les yeux les dévastations et les ruines causées par le passage des hordes barbares du Nord, et qui, immédiatement après, ont vu l'inondation d'une autre horde non moins dangereuse, dans ces nobles émigrés que la rentrée des Bourbons avait jetés au milieu d'eux pour combler leur malheur : pensez-vous qu'ils ne courussent pas tous aux armes pour défendre leur territoire et de l'invasion des prêtres fanatiques, et des ravages des Tar-

tares, et des prétentions arrogantes des privilégiés de l'ancien régime ?

Voilà donc tous ceux qu'il faudrait combattre et exterminer pour l'accomplissement de vos chères espérances ! Il faut convenir que votre *amour de la patrie* est un sentiment bien étrange, et que vous êtes doués d'une ame bien extraordinaire, s'il vous permet d'envisager froidement l'exécution des vœux que vous formez. Mais, outre que le succès n'en serait pas très-certain, il est probable que les puissances étrangères dont vous disposez si libéralement, se montreront plus avares du sang de leurs sujets que vous ne l'êtes du sang français.

Je sens que je vais vous contrarier ; mais il me semble qu'à moins que vous n'ayez soufflé votre délire dans le cœur des souverains de l'Europe, et répandu dans leurs conseils l'esprit de vertige et d'inhumanité qui vous anime, il n'est pas possible qu'ils puissent songer à s'immiscer de nos affaires et à les régler à leur fantaisie par la force des armes.

Ecoutez-moi quelques instans encore ; ma politique est celle du bon sens, et, quoiqu'on en dise, les rois sont bien souvent forcés d'y adapter la leur.

Que voudraient les puissances étrangères ?
rétablir les Bourbons sur le trône de France ?
mais elles l'ont déjà fait, et leur tâche a été
complétement remplie. C'était aux Bourbons
à la justifier, à la soutenir par un régime
sage, éclairé et conforme aux mœurs et à la
civilisation de ceux qu'ils étaient appelés à
gouverner. S'ils ne l'ont pas fait, et s'ils ont
eux-mêmes renversé de leurs propres mains
le trône où ils avaient été replacés : est-ce
aux princes qui les avaient rétablis à défendre, à soutenir leur ouvrage ? S'est-on jamais
avisé de présenter une seconde fois au pro-
priétaire d'un domaine, un administrateur
déjà chassé de sa place pour sa mauvaise ges-
tion ? et les puissances étrangères voudraient-
elles devenir les appuis d'hommes qui ont
trompé à la fois leur attente et celle du peuple
dont elles leur avaient confié les destinées ?
Non, cela n'est pas croyable.

Que sera-ce donc si, d'un autre côté, ces
puissances, que sans doute vous ne supposez
pas dépourvues de prudence et de raison-
nement, avant de répondre à votre appel
et à vos vœux, se font rendre un compte
exact de l'état actuel de la France, de la
nature de la révolution qui vient de s'opérer,

et

et de la disposition des esprits à la soutenir ?
Pensez-vous qu'alors elles veuillent donner
au monde l'exemple dangereux de régler,
par la force et au gré de quelques passions,
les destinées d'un grand peuple sur lequel
elles n'ont aucun droit , et dont le vœu contraire s'est hautement manifesté ? et prenez
garde que cet exemple pourrait un jour tour-
ner contre elles , et que leurs propres intérêts
se trouvent singulièrement liés à la conduite
qu'elles tiendront dans cette circonstance.

Que leur présentera donc la France dans
ce compte que probablement elles se feront
rendre avant de courir aux armes ? Le rétablissement d'un trône déjà sanctionné par les
suffrages du peuple, et sur ce trône le retour
d'un prince que les mêmes suffrages y ont
replacé. Mais comment s'est faite cette révolution ? Est-elle le résultat de la force , le
fruit de la séduction et de l'intrigue , le prix
de quelque grande victoire remportée sur
un parti ennemi ? Non; ce prince qui règne
n'a eu qu'à se montrer pour reprendre paisiblement sa place. Ses amis comme ses ennemis ignoraient son retour. Sans armées ,
sans trésors, sans appareil, il s'avance, et
les villes s'ouvrent devant lui ; les campa-

gnes retentissent d'acclamations, et le pro-
clament leur libérateur; les guerriers en
foule lui forment un cortége; ses compéti-
teurs restent seuls dans l'arène et s'enfuient....
Mais, du moins, sous les murs de la capitale,
siége du gouvernement autour duquel se
trouvent réunis tous ses appuis, a-t-il éprouvé
quelque résistance ? On l'avait inutilement
préparée; en vain, depuis la nouvelle de son
entrée en France, on avait rassemblé tous
les élémens de la guerre civile, soulevé des
assassins contre lui, prodigué l'or pour armer des mains inexpérimentées; en vain les
murs de Paris se couvraient chaque jour de
proclamations qui proscrivaient sa tête; d'é-
crits furieux et incendiaires, où tous les
citoyens étaient appelés *aux armes*, et ex-
cités *au courage;* en vain le chef de la
famille des Bourbons donnait le pitoyable
spectacle d'un prince trop tardivement éclairé
sur sa faiblesse et sur ses erreurs, renou-
velant des promesses qu'il n'avait pas su
tenir, et cherchant à ranimer dans les cœurs
des sentimens qu'il avait lui-même étouffés:
à l'approche de son rival, tout croule autour
de lui; ses défenseurs se dispersent ou se
confondent dans les rangs opposés; les voix

séditieuses se taisent; le trône devient vacant
par la fuite précipitée de celui qui l'occupait ;
les couleurs nationales sont par-tout arbo-
rées ; la population toute entière, faisant
retentir les airs de ses acclamations, se pré-
cipite au devant du triomphateur ; et bien-
tôt après il est accueilli lui-même aux portes
de son palais par des milliers de bras qui le
pressent, et vont le replacer sur le trône
qu'il a reconquis sans verser une seule goutte
de sang, et sans avoir fait couler d'autres
larmes que celles de l'attendrissement, de la
joie et du bonheur.

Et si cette scène mémorable, et peut-être
unique dans les annales des nations, pouvait
encore laisser quelque incertitude sur l'état
de la France à cette grande époque ; que
verraient les puissances en jetant les yeux sur
ses provinces les plus éloignées ? le même
assentiment des peuples, le même vœu pour
le rétablissement du trône impérial, et les
mêmes suffrages pour le prince qui l'occupe;
par-tout les étincelles des dissensions civiles
étouffées en présence des aigles et au nom
de Napoléon, et la France entière joignant
à ses applaudissemens, le formidable ser-
ment de maintenir sa régénération.

Et si, enfin, à ce tableau déjà si imposant, se joint celui de la nation, proclamant au *Champ de Mai* ses droits et ses libertés, fondant de nouveau son organisation politique et sociale, consacrant le trône héréditaire de Napoléon, et présentant à l'Europe l'acte solennel de sa reconstitution : comment imaginer que les puissances étrangères puissent songer à renverser un pareil ouvrage ? N'est-il pas présumable au contraire que, reconnaissant le droit incontestable qu'ont les peuples de donner à leur existence politique telle modification qui convient à leurs intérêts, lorsque la sécurité des autres ne peut en être troublée, elles respecteront un ordre de choses à la confection duquel elles sont et doivent rester étrangères? Si cela n'était pas, il n'y aurait plus rien de sacré parmi les hommes, et la réaction d'une pareille violation pourrait être terrible pour ceux mêmes qui l'auraient tentée.

Mais enfin, il se pourrait après tout que les puissances étrangères, ainsi que vous le prétendez, n'eussent aucun égard à toutes ces considérations ; qu'elles voulussent rétablir sur le trône, par la force des armes, un prince assez barbare pour consentir à y remonter au prix du sang de ses peuples, et contre leur vœu : mais pensez-vous que leur position respective et politique leur permette aujourd'hui ce qu'elles ont déjà effectué une fois ? Jetez les yeux sur l'Europe entière, et voyez-y les germes des dissensions nationales interminables, répandus par ces mêmes princes, qui semblent n'avoir voulu mettre un frein aux empiétemens de Napoléon sur les peuples du continent, que pour exercer plus librement leur ambition personnelle et toujours renaissante. Ces grands réformateurs de l'Europe, qui, dans leur congrès, devaient poser les bases d'une paix universelle, et rétablir l'équilibre des peuples, ont sacrifié leurs engagemens et leurs promesses à l'agrandissement de leurs états et de leur puissance respective. Ils se sont partagé les peuples comme des bêtes de somme, *en les comptant par tête.* Des états entiers libres, indépendans, habités par des nations généreuses, ont subi ce joug outrageant et honteux. Des puissances colossales, qui menacent sans cesse l'Europe d'un asservissement inévitable, se sont élevées sur ces débris du droit des peuples. Des jalousies et des haines profondes sont nées de ce système d'usurpation et de tyrannie ; une fermentation sourde annonce l'orage prêt à éclater sur la tête des usurpateurs. Toutes les relations intimes de la politique , couvertes encore du voile des bienséances , sont au moment de se briser. En *Italie* , en *Espagne* , en *Norwège* , en *Saxe* , dans la *Pologne* , dans la *Belgique* , et ailleurs, règnent ces agitations, ces mécontentemens, avant-coureurs des grandes révolutions politiques. L'Europe entière est un volcan prêt à faire une explosion terrible. Que les puissances se détournent un moment des soins qu'elles doivent à leurs agrandissemens respectifs ; qu'elles soient forcées de les soustraire à la force qui les comprime, pour l'employer à une seconde conquête de la France; et vous verrez alors ce que peut sur l'honneur des peuples, l'outrage qu'on leur a fait : la France, sans demander des auxiliaires, en aura chez toutes les nations généreuses qui ont passé sous la loi honteuse d'un partage..... Et ce prince, qui a déjà concouru malgré lui , malgré les lois sacrées de la nature , au détrônement de sa fille, de son petit-fils et de son gendre; serait-il possible qu'une politique aussi affreuse qu'imprudente l'associât encore sincèrement à des projets dont le succès, s'il pouvait se réaliser, lui ravirait l'appui de la seule puissance en Europe qui pourrait balancer avec lui l'effrayant colosse du Nord, et ferait en même temps tomber de la tête de sa fille chérie, la plus belle couronne du monde? Non, la politique, quelle qu'elle soit, ne peut à ce point effacer du cœur d'un père les sentimens que la nature y a placés; les rois, en posant un diadème sur leur tête, ne cessent pas d'être hommes; ils ne peuvent se soustraire au cri du sang; ils ne peuvent devenir des monstres !

Telles sont, royalistes ! les réflexions que l'inconséquence et l'atrocité de vos espérances m'ont inspirées. Si je n'ai pu les adoucir, c'est que les intérêts de la patrie et de la liberté parlent ici un langage trop haut pour les sacrifier aux vaines considérations de l'orgueil des hommes, à quelque titre qu'elles se présentent. Je ne suis ni l'instrument d'aucun parti, ni l'aveugle partisan d'aucun individu. Je suis pour celui qui donnerait franchement la liberté à mon pays, prêt à briser ma plume de douleur et de rage, s'il trompait notre attente. Je l'avouerai, je n'ai pu voir sans indignation l'odieuse disposition de vos ames, ni entendre sans frémir

vos vœux sacriléges. Misérables Français !
que n'allez-vous, au lieu d'étaler et de ré-
pandre sans péril, au milieu de nous, vos
cruelles espérances ; que n'allez-vous les réaliser vous-mêmes dans les rangs des ennemis
de votre patrie ! Mais non ; vous attendez
lâchement que leur sang, mêlé avec celui
de vos concitoyens, que les ravages de votre
pays, que l'incendie de nos villes, que les
cris de l'innocence égorgée, que le renou-
vellement des scènes épouvantables de l'an-
née dernière, que le rétablissement du trône
des Bourbons au milieu des ruines fumantes
de la France, viennent vous consoler des
disgraces de votre orgueil...... Ah ! vous faites
horreur à la nature entière !

DUBROCA.

Se vend à Paris,

Chez DELAUNAY, Libraire, Galerie de bois, Palais-
Royal, n.º 243.

Chez JOHANNEAU, Libraire, rue du Coq-Saint-
Honoré, n.º. 6.

Chez l'AUTEUR, rue Dauphine, n.º 20.

Le 4.ᵉ N.º de cet ouvrage paraîtra du 25 au 30 d'avril.

Imprimerie de P. N. ROUGERON, rue de l'Hirondelle, N.º 22.